Nous nous parlons d'un lieu où tout est fragile

L'Iconoclaste,
26, rue Jacob, 75006 Paris
Tél. : 01 42 17 47 80
iconoclaste@editions-iconoclaste.fr
www.editions-iconoclaste.fr

JUDITH
PERRIGNON

Nous nous parlons d'un lieu où tout est fragile

Illustrations d'Hippolyte

L'ICONOCLASTE

Nous sommes notre Histoire.
Si nous prétendons le contraire,
nous sommes littéralement des criminels.

James Baldwin

— Rachid, quand est-ce que tu as commencé à dormir dehors ?
— Vers minuit.
— Je voulais dire : à quel moment de ta vie tu as commencé à dormir dehors ?
— Vers minuit, peut-être une heure…

Rachid n'est pas sourd. Pas fou. Minuit à l'horloge de l'existence, ça veut forcément dire quelque chose. Ce n'est pas la fin. Rachid a parfois dormi dans des caveaux, chez les riches du cimetière. Eux ne bougeaient pas au matin, lui si. Il se relevait, poussait doucement la petite porte grinçante d'une famille de l'au-delà et s'en allait, peut-être déjà dans une veste de costume comme celle qu'il porte aujourd'hui, sur une chemise sombre.

Nous nous parlons d'un lieu où tout est fragile, où les souvenirs sont ressassés ou bien dissous, où d'autres ruminent et parfois crient leur fureur ou leur folie derrière la porte. Demander où, quand, pourquoi, comment n'a pas de sens. La vie n'est pas comme ça. Pas forcément linéaire. Ici, les souvenirs sont des éclats de verre. Il y a les plus gros, coupants et dangereux, qu'on ramasse en premier. Et il y en a de minuscules qu'on ne retrouve que longtemps après.

« Il y avait ce grand figuier au bout du jardin. Les figues étaient si mûres qu'un matin, à l'heure d'aller à l'école, mon frère et moi sommes montés dans l'arbre pour en cueillir quelques-unes. Il y a eu soudain de grandes lumières dans le ciel, et puis un bruit si fort qu'on a eu peur. On a appelé notre grand-mère. Elle est sortie, fâchée qu'on ne soit pas à l'école. Mais elle a levé les yeux, et elle était comme nous, elle n'avait jamais vu ça. Jamais vu d'avions. Elle ne pouvait pas leur donner un nom. Il y en avait deux

maintenant, qui tournaient, viraient au-dessus de la vieille ville. Et c'est alors que ces choses sans nom ont commencé à larguer des bombes. On a vu arriver des gens qui fuyaient la ville et montaient du côté de chez nous. Et puis nous aussi on a fini par partir.
On était comme des gitans. Par-ci, par-là. On se mettait à l'abri. On dormait dans la plaine, à la belle étoile. On remontait dans les montagnes. Tout le monde était réfugié. On se déplaçait tellement qu'on n'avait plus le temps de penser. On était sous les bombes. C'est ça, ma petite jeunesse. Je commençais à voir la vie. Ce n'était que la guerre. Et pendant la guerre, tu sais, il n'y a rien de grave à part les morts.»

Ses souvenirs d'enfance sont rocailleux. À cause de la fuite et des montagnes qui forment les hautes falaises du littoral d'Annaba, au nord-est de l'Algérie. C'est là qu'il est né, là que les armées alliées ont débarqué au mitan de la Seconde Guerre mondiale. Il avait sept ans. Un bataillon de parachutistes anglais a sauté sur l'aérodrome, tandis que les navires américains propulsaient leurs chars sur le rivage. Durant des jours, disent les livres d'histoire, les Stukas allemands, appuyés par les Falcos italiens, multiplièrent les attaques en piqué sur les blindés anglo-américains.

Ça se passait le 12 novembre 1942. Mais Rachid n'a jamais fait grand cas des dates. Il a d'autres repères. Ce figuier aux fruits juteux, aux branches soudain fragiles quand grondèrent les premiers avions. Ou cette épave d'un char anglais qu'il escalada ensuite, toujours avec son frère. Ils trouvèrent deux corps à l'intérieur. L'un d'eux avait les yeux bleus et grands ouverts, tellement ouverts que Rachid était sûr qu'il n'était pas mort.
« "Si, si, il est mort", me dit mon frère.
Il ne bougeait pas. Alors je lui ai pris sa montre pour la donner à mon oncle. »

Les aiguilles tournaient encore furieusement
au poignet du cadavre.
Tic-tac, le monde est mort.

Ses deux bras se lèvent devant lui, parallèles,
ils vont de droite à gauche comme le sol
lorsqu'il bouge.
« Quand ils lâchaient une bombe, ça faisait
un tremblement de terre.
J'étais debout, je suis tombé.
Et puis tu te lèves, tu marches, tu oublies.
C'est rien. C'est une bombe.
S'il n'y avait pas eu la guerre, je ne serais pas là. »
Au centre d'hébergement d'urgence du Samu
social, il veut dire. 26 rue Popincourt, à Paris.
Un centre d'hébergement d'urgence tout au bout
d'une vie commencée sous les bombes.

« Les dégâts qu'elle a faits en moi, la guerre
de 39-40.
Inconnus et jamais reconnus.
On voyait plus l'horizon.

Le futur, y en avait pas.
J'étais de temps en temps heureux.
On dormait parfois dans de belles maisons abandonnées. »

*

C'est l'oncle qui ouvrait la voie. Il était content, il n'avait jamais eu de montre. Il s'appelait Abdelslam. « Ça signifie l'homme qui veut la paix », précise Rachid, qui marchait avec son frère et ses grands-parents derrière l'homme qui veut la paix. L'itinéraire était toujours le même. Quitter la ville, traverser les plaines, grimper dans la montagne. Et redescendre une fois l'alerte passée, vers Annaba, dont le nom n'était plus Annaba depuis longtemps. Les colons français l'avaient rebaptisée Bône au siècle passé. Ils disaient parfois Bône-la-Coquette, à cause des étés secs et chauds, des hivers doux et humides. Là-bas, les montagnes empêchent les vents du Nord de venir refroidir l'atmosphère.

Elles sont le promontoire de la basilique
Saint-Augustin et de la caserne fortifiée.
L'Église catholique et l'armée française
dominaient les esprits comme les quartiers.
— Dans quelle rue vous habitiez?
Tantôt je le vouvoie, tantôt je le tutoie.
— Rue Voltaire.
Je ne trouve pas de rue Voltaire sur le plan
d'Annaba. J'y vois la ville, les plaines,
les montagnes et la mer tout autour, comme
dans les récits de Rachid. J'y vois serpenter
les boulevards Victor-Hugo et Condorcet, et la
mer écumer sur la grande plage de Saint-Cloud.
Pas de rue Voltaire.
— Tu es sûr, Rachid?
Il est sûr. Il grandissait dans la maison
de ses grands-parents, à côté de celle de l'oncle
Abdelslam, qui n'était pas encore marié.
«Il y avait le figuier au bout du jardin.
Un commissariat et une église dans
la rue. Il y avait des Français, des Italiens,
des Arabes comme nous. Un voisin qui frappait

ses enfants. Un Sicilien jaloux qui a fini par massacrer toute sa famille. J'avais dix ans et ça s'est passé dans la rue d'à côté. Il a tué sa femme et ses cinq enfants. »
C'était juste au bord de la vieille ville, là où son grand-père possédait plusieurs cafés.
Le campement des soldats anglais n'était pas loin. Ils ne se gênaient d'ailleurs pas pour s'installer chez eux dès que Rachid et les siens s'enfuyaient vers les montagnes. En revenant, il fallait toujours les déloger.
Affronter leurs regards bleus.
Bleus comme les uniformes gris des soldats allemands.
« Toujours impeccables, les Allemands, même quand ils étaient prisonniers », précise Rachid.
Les sauveurs et leurs prisonniers ne semblent pas si distincts dans ses souvenirs. L'oncle Abdelslam pouvait dépanner des Anglais dont l'avion s'était embourbé, et déposer quelques cigarettes au creux des mains de Rachid en le chargeant de les

faire passer aux détenus italiens qui tournaient comme des bestiaux derrière un grillage.

« Un jour, l'un d'eux était adossé à la grille. Je lui ai tapé un petit coup dans le dos, il s'est retourné, je lui ai donné le paquet, mais d'autres prisonniers m'ont vu, et ils lui sont tombés dessus. Alors un gardien anglais m'a repéré. L'Italien m'a dit : "Fais attention." Le gardien a voulu me donner un bon coup de pied. Je l'ai évité et le type est tombé, tellement il voulait me frapper fort. J'ai couru chez ma grand-mère. Mon oncle m'a dit que c'était pas comme ça qu'il fallait faire. »

*

Sa voix est neutre. Il y a, au fond de ses yeux gris soulignés de cernes noirs, une lueur lointaine et persistante, telle une lampe à huile ballottée par le souffle d'une vieille tempête. C'est un signal, il faut le suivre, entrer dans son crâne, comme dans l'une de ces cavités des montagnes où lui et les siens s'abritaient des bombardements. Ses souvenirs sont là, encore enrobés de la surprise du gamin qui n'avait pas dix ans, mais lestés d'une connaissance intime, ancienne et douloureuse du monde. Il n'a pas eu droit au temps distinct des questions puis des réponses. Il est le vieil homme et il est l'enfant. C'est tantôt l'un, tantôt l'autre qui parle. Et ils sont d'accord : il y eut trop de déflagrations dans leur existence pour simplement tirer un fil. Plus qu'une vie, c'est l'histoire du monde qui s'engouffre tout entier dans le corps d'un enfant, fait marcher ses armées devant lui et en lui, alors qu'il sait à peine nommer les choses.

« Quand j'étais petit, j'ai vu des dieux avec des armes. *Pan, pan !* C'étaient des dieux, des dieux qui s'insultaient en italien et en anglais. Des dieux ennemis. Comment tu peux dire qu'il n'y a ni dieu ni maître ? »

Il faudrait les dessiner, Rachid et son frère, gamins aux boucles brunes en exode dans les plaines et les montagnes algériennes sous les obus de la Seconde Guerre mondiale. Leur rendre leurs muscles fins aux bras et aux jambes, leurs peaux écorchées et tannées, leur agilité sur les rochers, leurs nuques renversées par les avions dans le ciel. Leur rendre un peu de leur innocence.

— Comment il s'appelait, ton frère?

— Hassen.

Il y avait bien une photo d'eux ensemble, mais il ne l'a jamais vue.

«J'ai été photographié par un Américain. C'était la première fois. On posait, avec mon frère, on devait faire semblant de pousser la moto. Une Harley-Davidson. Il s'appelait Roby. Tu vois, je me rappelle son nom. "*My name is Roby.*" Il avait quarante ans, c'était un costaud. On a rigolé. Il y a certains mecs, ils sont sympathiques.»

De l'autre côté du couloir, dans la salle télé, une chaîne rediffuse un feuilleton américain. Il y a forcément un type qui ressemble à Roby dans l'épisode en cours. Tous les héros américains ressemblent à Roby. Ils ne vieillissent pas, figés dans le formol de la fiction, même si les vétérans rentrés chez eux ont depuis longtemps sombré dans leurs cauchemars. Mais Rachid ne regarde jamais la télé. Il se tient à l'écart des autres, de leur guerre pour la télécommande, des matchs de foot, des mauvais feuilletons, du fracas des vies bousillées en chambre simple ou double. C'est comme s'il restait en lui les terrains et les cafés que le grand-père possédait, tout le prestige de sa famille à Annaba, comme si les armées qui quadrillaient le paysage de son enfance avaient laissé suffisamment de kilomètres de pellicule sous son crâne.

« Non, me dit-il. Les films dans ma tête, maintenant ils ont brûlé. Y a le feu. Si j'habitais encore une forêt, elle serait toute sèche. »

Alors je voudrais sauver des choses de l'incendie.

Ramasser les souvenirs du gamin.
Puis ceux de l'homme, avant qu'il ne soit
trop tard.
Je cherche une chambre avec un lit immense,
entouré de rideaux, et des fresques romaines
peintes aux murs.
« C'était dans la maison de famille de
la grand-mère, dit-il. Là où est l'aéroport
maintenant. »
Je vois l'aéroport sur le plan.
Je vois aussi les ruines d'Hippone. Les Romains
sont donc bien passés par là quand ils étendirent
leur empire sur l'autre rive de la Méditerranée.

« Y a des Romains qui sont venus chez nous.
Mais il restait que des tombes après. »
Leurs peintures ont-elles tenu jusqu'à se déposer
dans les yeux ensommeillés du petit Rachid,
jusqu'à déclencher des rêves et des cauchemars
peuplés d'hommes chevauchant des lions,
ou de bateaux sur la mer déchaînée ?
Pourquoi pas.

Ces vieux murs n'auraient traversé les siècles que pour entrer dans son regard. Pour qu'il voie tout. Sache tout. Trop. Il est l'un de ces messagers de l'histoire que personne ne veut entendre.

« J'avais sept ou huit ans quand un de mes oncles est parti en prison. Il n'était pas vraiment innocent, il avait massacré des gens, toute une famille. C'étaient des colons, des pieds-noirs, ils étaient plus outillés, ils avaient des tracteurs, on n'en avait pas. Ils nous prenaient mètre par mètre la terre que nous avions. Mon oncle était tellement en colère. Si ça n'avait pas été pendant la guerre et que l'État français n'avait pas été en plein trouble, il serait passé à la casserole, ils lui auraient coupé la tête. Mais ils l'ont envoyé à Cayenne, au bagne. Je ne l'ai jamais revu, c'était fini, et chez nous, il est devenu Hassan Cayenne pour tout le monde. S'il n'avait pas tué cette famille, ils auraient grignoté la terre peu à peu. Mais au fond, on a tout perdu, avec la guerre. Alors à quoi bon ? »

Un bombardier allemand a pulvérisé la maison des plaines avec la chambre aux murs peints de fresques romaines. Et ce n'est que bien plus tard, en France, en feuilletant un magazine, que Rachid apprendra que ce lit si grand et si haut, là-bas, on appelait ça un lit à baldaquin. Il ne savait pas. Comme pour les avions au-dessus du figuier.

Quant à la rue Voltaire, elle n'existe plus. Elle a été débaptisée au moment de l'indépendance. Reste que Rachid a grandi rue Voltaire à Annaba et finit ses jours derrière le boulevard Voltaire à Paris.

*

Est-ce un rêve?

C'est l'histoire d'un gamin d'Annaba qui s'est glissé sur un navire militaire américain reparti sans s'apercevoir de la présence de l'intrus. Rachid nous l'a racontée lors des tout premiers ateliers d'écriture. C'est comme ça que nous

nous sommes rencontrés. Des tables collées les unes aux autres au premier étage du centre d'hébergement d'urgence. Tout autour, des vies en miettes, aux regards à la fois fuyants et droits, humant l'air et ses pièges, deux auteurs, des travailleurs sociaux. Et les mots, la poésie, chargés de rapiécer tout ça. D'abord un cadavre exquis pour détendre l'atmosphère et ne rien avoir à dire d'important, des bouts de phrases qu'on jette sur la feuille de papier qu'on plie et qu'on passe à son voisin. Et Rachid amusé, détaché de nos jeux d'enfants, qui n'écrit pas, mais parle et vous balance un long plan-séquence avec un porte-avions américain dans un port algérien, un gamin qui s'y cache, pour ne réapparaître que des années après, ne parlant plus qu'anglais et cherchant sa mère.

« Personne ne le reconnaissait. Ma grand-mère, elle, l'a reconnu tout de suite. C'est elle qui m'a indiqué la maison de sa mère. Juste en face. Mais sa mère ne l'a pas reconnu, il était parti trop

jeune et il ne savait plus parler arabe, même au bout de trois ans, ça ne lui revenait pas, il avait besoin d'un traducteur. Alors j'ai parlé à sa mère à travers la serrure et elle m'écoutait derrière la porte fermée. Si j'avais pas parlé en arabe, elle n'aurait pas ouvert. Elle a fini par ouvrir et son fils a foncé directement vers elle. C'est une clef ça, tu vois ? C'est pas simple d'avoir une clef pendant la guerre… C'est moi la clef, au fond. »
Est-ce son double, ce gamin parti et revenu d'Amérique ?
A-t-il rêvé de chevaucher la moto de Roby cheveux au vent sur les plaines qui encerclent Annaba ?
A-t-il rêvé de retrouver sa mère ?
Il n'est jamais question d'elle. Son enfance est bordée par des oncles et des grands-parents qui lui ont expliqué que son père était mort, qu'il était leur fils et le frère d'Abdelslam. « Mon père a été foudroyé », raconte Rachid, sans qu'on sache si le cœur avait lâché ou si le tonnerre s'en était mêlé. Rachid était tout petit. Ce qu'il sait,

il le tient des autres. Il se souvient d'une petite usine de briques, avec une montagne d'argile dans la cour. Il savait que son père travaillait là et qu'il y avait perdu la vie.

« Un jour, je jouais seul devant la maison. Ma grand-mère était à l'intérieur. Un oncle m'a kidnappé pour m'emmener voir ma mère. » Rachid m'a glissé cela à l'issue d'un atelier. Ensuite il est remonté dans sa chambre, ou parti en promenade dans les rues de Paris qu'il connaît par cœur. La scène s'arrêtait là. Il en avait trop dit. Il voulait éviter la question suivante. Celle qui me brûlait les lèvres. Il voulait que retombe le rideau des bombes sur son enfance. Qu'il n'y ait que ce grand cratère-là, et le ballet et le bruit des soldats à l'intérieur.

Rachid descend de moins en moins à l'atelier de poésie.
Il faut monter à l'étage, toquer à la porte de sa chambre. Il finit toujours par ouvrir, les boucles grises en bataille, les pans de sa chemise hors du pantalon. La chambre est minuscule, encombrée de sacs contenant d'autres sacs, de journaux, de gobelets, de vêtements. Accumulation. Symptôme courant dans certaines chambres du centre. Diogène, comme on dit, même si ledit Diogène vagabondait muni d'un simple bâton. Rachid s'est rallongé. Je reste sur le seuil.
— Pourquoi tu ne descends plus, Rachid ?
— Je suis fatigué. Faut que je dorme. La nuit j'y arrive pas. C'est la guerre, ça recommence. La Russie a attaqué l'Ukraine. Il est sûr

qu'elle va reprendre, la guerre mondiale.
— Les catastrophes, les gens ne peuvent pas comprendre… Il faut savoir avec qui parler. Quand je dormais dehors, dans les forêts, certaines personnes me parlaient, des personnages célèbres de l'histoire ancienne. Parfois, je rêve que des inondations surviennent, mais je ne sais pas où sur Terre. Les gens n'écoutent pas les rêves. Je suis comme Cassandre, il y a un autre monde qui me parle.

Ses prédictions sont ses souvenirs. Il vient d'avoir quatre-vingt-huit ans. C'est suffisant pour avoir compris que le monde bégaie, suffisant pour que les souvenirs s'empilent et s'emboîtent avec une cohérence diabolique.

— Rachid, il y a longtemps, tu m'as parlé d'un oncle qui t'avait kidnappé et emmené voir ta mère. Tu peux m'expliquer?
— Je suis arrivé, y avait une femme jeune. Elle a dit: «Je suis ta mère.» Je l'écoutais pas.

J'étais avec une étrangère.
«Je suis ta maman.»
Tout le temps, j'étais en colère. Je voulais retourner chez ma grand-mère et mon grand-père. Je croyais que c'étaient eux mes parents. C'est ça, la première aventure.

Première fêlure, qu'il change en aventure. C'était avant la guerre.

— Elle s'appelait comment, ta mère?
— Je savais pas son nom. Elle avait un nom spécial, c'est bizarre. Elle était très jeune.
— Et maintenant, tu t'en souviens?
— Ma maman, elle avait une autre vie. Je l'ai mieux connue adulte.
— Alors, tu te souviens de son nom?
— Zoura, on l'appelait. Mais quand elle était jeune, sa propre mère l'appelait autrement. En Algérie, t'as un nom à la maison, et un autre nom dehors, quand t'es pas dans ta famille. Les gens sont terribles

chez nous. Ils s'accrochent à tout un tas de choses.

Zoura a dû être mariée adolescente. Elle a eu deux fils et puis son mari est mort foudroyé dans la briqueterie. Alors les parents du défunt lui ont fait comprendre qu'ils garderaient les deux garçons, sûrement parce qu'ils étaient des garçons. Elle pouvait s'en aller refaire sa vie. Oublier ses enfants. La grand-mère s'en occuperait, elle avait bercé presque tous les gamins du quartier, elle était la sage-femme, celle qu'on appelait quand l'accouchement était imminent. Elle se prénommait Massolda et Rachid en fit sa mère. Mais son frère aîné Hassen savait.

— Après, c'est lui qui m'a amené chez ma mère. J'ai commencé à grandir. Mon frère me disait : « Allez, viens… » Et on y allait. C'était sur le chemin de l'école arabe. Et je l'ai mieux connue, ma mère.

— C’était où, cette école ?
— C’était pas officiel. T’es assis par terre dans une petite pièce louée par l’instituteur.

*

On dit – et le fait dans sa généralité est vrai – que le jeune Arabe, le jeune Kabyle, le musulman jusqu’à l’âge de douze ans ou de treize ans montre tous les signes d’une vive intelligence, mais à ce moment, il se produit dans son organisation une crise et dans son intelligence un arrêt de développement. Il se marie jeune et il est perdu non seulement pour l’école mais même, ajoute-t-on, pour la civilisation française ! Messieurs, je pourrais répondre que la crise à laquelle on fait allusion est la même chez les jeunes Tunisiens ; je me contenterai d’une réponse plus simple encore. Si la crise éclate dans la quatorzième année, gardons-les toujours jusqu’à cet âge, c’est assez, bien assez puisque nous ne voulons pas leur rendre familiers nos beaux programmes d’enseignement primaire, nous ne voulons leur apprendre ni beaucoup d'histoire ni beaucoup de géographie mais seulement le français, le français avant tout, le français et rien d'autre. Si vous le voulez. Et si nous ajoutons à cela, comme on en a fait l'essai heureux dans un certain nombre d'écoles, un petit enseignement pratique et professionnel, nous nous apercevons bien vite que le Coran n'est en aucune façon l'ennemi de la science, même sous son aspect le plus humble et le plus élémentaire ; et ces populations qui sont avant tout laborieuses, malheureuses, vouées au travail manuel, comprendront vite de quel secours peut bien être cette modeste éducation française, dans leur lutte pour la vie de chaque jour.

JULES FERRY, *Discours au Sénat sur l'Algérie* (6 mars 1891)

*

Cet air sans oxygène est celui que respirait Rachid. Il n'en parle jamais. C'était probablement aussi évident que les pluies torrentielles d'Annaba. Aussi fatal que les phrases de Massolda, sa grand-mère, toujours ponctuées d'un «Allah ! Dieu le sait». Et puis la voix du grand-père avait force de loi. Elle était reconnaissable entre toutes, dans le quartier. «Les gens faisaient même en sorte de s'asseoir à côté de lui pour être vus.»

Il avait récolté un peu d'argent en travaillant pour l'armée française sur la place d'Armes. C'est comme ça qu'il avait acquis quelques bistrots dans la vieille ville. Il achetait le café en vrac, par sacs de cent kilos que Rachid aidait à transporter. La guerre était finie. Plus personne ne craignait le bruit des avions. Un bimoteur sulfatait désormais les vignes des Français et celles des grands-parents paternels. Le pilote lançait à la grand-mère, avant de décoller :

— Maintenant je vois ton bon Dieu, là-haut.

— Vas-y ! Vas-y ! répondait-elle.

Un jour l'avion a piqué et s'est crashé. Ce jour-là, la grand-mère a dit :

«Il est parti voir le bon Dieu, il n'est pas revenu.»

Ce n'était pas un présage, juste un accident. La prochaine guerre viendrait du sol, des montagnes, de la colère des hommes, qui ne s'entendait peut-être pas sous le toit des grands-parents. Mais elle montait. Il n'était plus question que de liberté depuis l'effondrement du nazisme, alors pourquoi pas celle des Arabes ? La République française l'a senti, elle a bâti à la hâte des plans de scolarisation des enfants « indigènes ».

« C'était trop tard pour moi », dit Rachid.

Trop tard, de toute façon.

Et comme dans un discours de Jules Ferry, Rachid a quitté l'école avant ses treize ans et rejoint la population laborieuse.

*

Il est allé chercher du travail aux abattoirs. « Les cochons arrivent là, comme dans le métro, par des portes automatiques. Celui qui vient, tu le pousses. Un gars me dit : “Tu prends la masse, tu vises bien, pile au milieu de la tête. Oui oui oui, jeune homme, vas-y…” J’ai frappé. J’ai fait comme il m’a dit. À chaque fois *Pan*, et à chaque fois un tapis l’emmène là-bas, évanoui. Et puis un autre tapis l’emmène dans le bouillon, et d’autres gars, avec des raclettes, lui enlèvent le poil. D’autres encore lui ouvrent les entrailles. Ils vont vite. Ça m’a dégoûté. Je me suis dit : Ça fait trente ans qu’ils sont là, ces types. Et nous on tape, on tape ! Le lendemain matin, on s’est dit : “On va aller voir les moutons.” Affreux. C’est pas le mouton, c’est l’agneau. Ils font vite, les mecs. Ils les couchent comme ça, l’un sur l’autre. Le copain me dit : “Si tu veux juste nous aider à les poser l’un contre l’autre. Tu vois là, comme ça.” Et ils les égorgent l’un après l’autre. À la chaîne. Embouteillés. *Clac ! Clac ! Clac !* Pour les crever ensemble. Pour qu’ils ne puissent même pas bouger les jambes. Il y en avait cent. Un massacre. C’était pas pour moi. Je suis pas revenu. »

Il y en avait du travail, de toute façon. La mine. Le coton. La sidérurgie. Rachid a regardé vers la Tabacoop. On faisait pousser du tabac dans la région depuis longtemps. Les producteurs européens sur de vastes domaines, les métayers « indigènes » sur quelques hectares. Toutes les récoltes étaient rassemblées sur les docks de la Tabacoop pour être vendues à la Régie française et aux marchés étrangers. Il y avait là des machines modernes. Un cousin y a fait entrer Rachid.
« Les mecs avaient des diables pour sortir les ballots de la presse. Parfois c'était trop lourd, alors je mettais juste une cale, comme ça, et on me donnait un salaire pour ça. Et puis quand tu as le temps, tu donnes un coup de balai et tu passes un petit coup de chiffon sur les presses… J'étais le plus jeune.
Ensuite, on était assis devant un tapis. Devant nous des piles de tabac qui sèche. Chaque feuille a son nom. On trie : le *harfi*, le *sfer*, tabac jaune dans les Marlboro. Il y avait aussi le tabac blanc.

Le moyen blanc. Le patron se faisait des cigarettes, prenait une bouffée ou deux pour voir la qualité, puis les jetait. Il décidait, ça c'était pas bon, ça c'était bon. Ça c'était pour les Américains. Ça c'était pour les Hollandais. Le tabac bleu, c'était pour la France. »

Annaba était un port industriel destiné à relier l'Europe et l'Afrique. Destiné à piller l'Afrique, comme Rachid était voué au travail dans les discours de Jules Ferry.

« L'usine d'aluminium, c'était à cinq kilomètres de chez moi. On se levait à l'aube. On avait un bout de carton qu'on mettait dans une machine. Pointer, ils appelaient ça.
J'étais stagiaire, le midi on mangeait près d'une rivière. Je mangeais seul et j'écoutais le calme, j'écoutais la rivière. Et d'un coup, un petit oiseau, un rossignol est venu. Quand j'étais jeune, les rossignols ne pouvaient pas être en cage, sinon ils se suicidaient. Ils ne sont pas comme les autres.

Je suis resté l'écouter tout l'après-midi, c'était comme un opéra. Je ne suis pas retourné au travail, je ne suis parti que lorsqu'il a eu fini. J'ai eu l'impression qu'il chantait pour moi. Y a des oiseaux qui vous marquent mieux que les autres. Le lendemain, le chef a voulu savoir où j'étais. J'ai dit que j'avais fait une sieste. J'ai menti, pour le rossignol. Je n'avais même pas quinze ans. »

*

C'est à cet âge qu'il demanda à sa grand-mère de lui montrer le village de montagne où elle avait grandi. Elle l'avait bercé de tant d'histoires venues de là-haut. Elle lui avait raconté ce jour où elle avait vu l'homme blanc pour la première fois. Elle était jeune encore, en train de ramasser le bois pour cuire la galette, quand elle vit arriver un inconnu aux yeux verts. Il avait très faim. Il se jeta sur la galette pas encore cuite. Elle lui donna du lait et il dormit pendant deux jours.

«Elle m'a dit qu'il était habillé tout en liège et en cordes autour. Qu'il semblait sortir de la mer. Plus tard, j'ai pensé au *Radeau de La Méduse*. C'est profond la mer.»

Et elle remuait, la mer, entre Annaba
et Marseille.
«Personne ne bougeait. Y avait que moi qui marchais. Que moi. J'ai voulu retourner à ma place, je me suis retrouvé à plat ventre de l'autre côté du bateau. Je me suis senti comme un oiseau. J'ai volé dans la tempête.
La première impression forte, très forte de mon existence.
Et puis j'ai eu envie d'aller voir en première classe. Je suis rentré. Plein de monde, des gens assis, des soldats surtout. J'ai fait le tour. Vers midi, ils ont préparé la popote pour leur donner à manger. Ils ont apporté de grosses marmites remplies de morceaux de bœuf au chou. Personne ne bougeait. Les plats étaient là, moi j'avais faim.

“Sers-toi, jeune homme”, a dit quelqu’un.
Je commence à manger. Ça avait un drôle de goût. C’était pas bon. Le commandant me regardait en rigolant.
— C’est pas de la viande ? je lui dis.
— C’est pour les soldats. Y a plein de bromure dedans, ça leur fait passer l’envie d’aller voir les femmes.
Après il a mis son casque en velours rouge et bleu.
C’était pendant la guerre d’Algérie. »

Rachid n'avait pas vingt ans. Il voguait vers la France, avec des soldats qui rentraient en permission. Il laissait derrière lui un pays de nouveau en guerre. Annaba qui ne voulait plus être Bône-la-Coquette. Le souvenir d'un oncle déporté pour avoir massacré des colons. Le fantôme d'un père mort foudroyé. Le visage d'une mère que personne, pas même lui, n'avait laissé être sa mère. L'oncle Abdelslam qui allait bien finir par se marier. Son grand-père dont la voix claironnait sûrement moins fort dans la vieille ville. Sa grand-mère qui lui avait donné l'argent pour la traversée et priait pour lui. Ces deux-là avaient été ses parents, « ses vieux » comme il dit, et ils préféraient sans doute qu'il s'en aille chercher du travail en France plutôt que de prendre les armes. Son frère aîné l'avait devancé.

Rachid voulait apprendre la mécanique. Peut-être à cause de la moto de Roby, ou du bruit des avions planant sur ses souvenirs.

«Je me présente à Marseille. Mécanique, c'était complet. Électricité? Complet. On m'a dit qu'il ne restait que le bâtiment. Je ne voulais pas rentrer bredouille. Je devais de l'argent à ma grand-mère. J'ai fait mon stage. C'était à Port-Saint-Louis-du-Rhône. Entreprise d'État. Des classes pour la théorie, de la pratique avec des moniteurs. Monter un mur. Un mur en brique. Un mur de pierre. On était beaucoup de jeunes d'Algérie. On dormait dans le foyer. On faisait des extras dans la sucrerie Saint Louis, on y remplaçait les absents, pendant cinq à huit jours. Pas mon idéal mais ça me dépannait. Et Saint Louis, c'était un genre de quatre chemins. Si tu descendais, tu trouvais une bonne plage, tranquille, pas très fréquentée. Et puis au moins, après, on sait construire son petit pavillon.»

Il n'en a jamais eu.
Je parle à un homme qui a appris à construire des maisons et qui a longtemps dormi dehors.
Il se fit pourtant remarquer par ses moniteurs.
Ils l'envoyèrent même prendre des cours de dessin et d'architecture à Saint-Étienne. Cours le matin. Travail sur les chantiers dans l'après-midi.
« Je voulais devenir architecte. On nous a installés là, puisqu'ils avaient arrêté le charbon. »
Jamais de date, avec Rachid. Encore moins d'adresse.
Juste les ombres et les vents des grands cycles.
Des cités ouvrières qui se vident à l'heure où l'un après l'autre ferment les puits de charbon. Je cherche où il a pu atterrir.
L'École nationale professionnelle des garçons de la rue Étienne-Mimard ?
Il ne se souvient pas.
« Le midi, je mangeais avec les supérieurs. Qu'est-ce que j'ai pas entendu… Putain. Parce que j'étais le seul avec les supérieurs. Les mecs en stage, ils étaient jaloux. Des salauds, de jeunes

salauds. Oui, c'était raciste, c'était… Tu peux pas imaginer. Au lieu de ne rien entendre, j'entendais tout. Alors je me suis découragé. J'étais démoralisé. Le soleil et la plage me manquaient. Je suis parti. J'ai rien dit, j'ai même pas pris mon salaire. Un matin, je suis parti pour Belfort. Mon frère m'avait écrit : "Si tu t'emmerdes là-bas, tu viens ici. Y a Alsthom." »

La petite CC Alsthom, la locomotive la plus rapide du monde. Elle allait bientôt battre des records de vitesse. 331 kilomètres-heure. Finis les trains à vapeur, la fumée, la gueule noire du chauffeur qui enfourne le charbon. À Belfort, on fabriquait des trains électriques. L'usine était de plus en plus grande, comme une ville dans la ville. L'usine était la ville. Elle a tout de suite embauché Rachid.
« On détruisait, on reconstruisait. Fallait agrandir. C'était petit, Belfort. Il y avait beaucoup de travaux dans de vieux immeubles pour faire de nouveaux bureaux, de nouveaux

logements. Je travaillais là-dedans. J'avais dans l'idée de me faire un peu de sous et de repartir. Mais j'ai rencontré un ingénieur marocain, marié et malheureux avec sa femme. Il m'a embauché. J'ai abandonné la maçonnerie. J'ai commencé câbleur pour les moteurs électriques. J'étais bien. Y avait pas mal de bistrots jusqu'à la gare. Après le boulot, on se rencontrait. On élargissait le cercle. Et là, tout s'est ouvert, j'ai connu des gens. Je m'en souviens très bien, c'était le bonheur, j'ai passé six mois comme j'ai passé dix ans. On était une bande. Pour se distraire, on allait à Berne. Il y avait des filles en Suisse pour le strip-tease, c'était interdit en France. Elles dansaient sur la table, on était jeunes, on y allait tous les week-ends. À Belfort, les hommes avaient des costumes le dimanche. Le reste de la semaine, ils travaillaient. Moi, je n'avais pas de costume. Mais on était associés, on était plusieurs. Y avait aussi un commandant, un colonel. C'est comme ça les affaires. On était jeunes, on était ambitieux. J'étais un peu capitaliste. »

Dans le brouhaha d'un bistrot de Belfort a surgi le château. Il en parle encore souvent, Rachid, du château de Belfort.
«Tu mettais un peu d'argent, t'avais une part. J'avais ma part. Moi, ils m'ont fait rentrer dans ce château.»
Toi l'Algérien, l'ouvrier câbleur d'Alsthom qui aimait la mécanique et qui avait enfin faussé compagnie au bâtiment.
Peut-être même que tu commençais à faire mentir le scénario douteux de Jules Ferry qui voulait t'envoyer vers les gens malheureux.
— Il était où, ce château?
— Tu prends la première rue qui part de la place d'Armes, elle donne sur le château.
Encore une place d'Armes. Ces lieux où l'on rassemble les troupes. À Annaba, à Belfort, là où passe Rachid. Il dit souvent que le monde va de guerre en guerre.
Je ne vois rien sur la carte. Mais Rachid, lui, le voit très clairement lorsqu'il en parle.

Il pourrait m'y emmener si nous prenions
un train pour Belfort. Nous ne le ferons pas.
Rachid ne voyage plus que dans sa tête, et s'il
devait choisir, c'est vers la mer qu'il irait. Belfort,
c'est dans la direction opposée, et le château
n'est sûrement plus là. C'était peut-être une très
belle bâtisse que la guerre avait laissée en piteux
état, tanguant entre rénovation et démolition,
et qu'un groupe d'ouvriers et d'aventuriers
aurait bien sauvée pour se prétendre châtelains.
À moins que ce ne soit l'un des prolongements
des fortifications, alors c'est toujours là, racines
d'une ville qui dépérira quand l'industrie
l'abandonnera, racine d'un vieux rêve
de grandeur dans la tête de Rachid.
« J'avais des appartements dans le château,
mais impossible d'y rester. Il fait tellement froid
à Belfort. On dormait dans des baraquements
chauffés, avec des lits superposés. »
Ils dormaient où dorment les ouvriers.
Le sort les avait remis à leur place.

«J'étais jeune, j'étais pas prêt pour l'argent. Je m'étais précipité pour acheter un château inhabitable. Mon frère, d'un coup, il part à Paris. Je commençais à m'ennuyer à Belfort. Alors j'ai tout quitté et je suis venu à Paris.»

*

«Je prends le métro à Barbès, je descends place de Clichy. Je fais de la maçonnerie rue Saint-Lazare. Mon frère m'avait trouvé ce travail. Il m'avait loué une chambre dans un hôtel du 18e arrondissement. Y avait l'eau chaude. J'ai pas senti l'hiver passer, à Paris. J'avais moins froid qu'à Belfort.»
Mais c'était fini, la mécanique. Le bâtiment l'avait repris.
Il a agrandi les déjà Grands Magasins.
Il a élargi le pont de l'Alma.
Il se rappelle avoir installé le chauffage central dans un bâtiment du côté du métro Duroc.
Il a bâti Antony.

« C'était la plaine, maintenant c'est une ville. Je travaillais avec les Italiens. On bouffait des spaghettis. L'entrepreneur voulait qu'on travaille selon le système américain : on fait les pièces au sol et puis on les monte. En France, au contraire, on construisait direct. C'était en train de changer, mais s'il y a un petit tremblement de terre, crois-moi, ce sera un massacre à Antony. »
Il a embauché pour Saclay.
« Le car venait porte d'Orléans, il nous ramassait et nous emmenait là où y a le machin atomique. La plaine, aussi. Le premier bâtiment, ils l'appelaient La Marcoule. Nous, on allait construire le deuxième. »

Il cogne contre le mur de sa chambre.
— T'entends ?
Ça sonne creux.
— C'est du placo. Un endroit comme ça, c'est construit n'importe comment. Ils s'en foutent.
Il n'a pas tort, Rachid. Des filets viennent d'être déployés autour du 26 rue Popincourt.

L'immeuble n'a que six ans. Il s'effrite déjà. On ne sait pas s'il a été construit pour abriter la misère du monde ou pour la cacher. Les murs s'effriteront tant qu'on n'aura pas décidé.

Dans la salle télé, l'unique spectateur s'est endormi. Il s'appelle Rachid lui aussi. Il est né à Constantine. Il est plus jeune. Il n'a pas connu de guerre mais il jure qu'il n'a pas fermé l'œil depuis plus de trois ans. La nuit est son supplice. Il ne se rend pas compte de ces instants trop brefs de la journée où sa tête chute sur son buste, son visage disparaît, ses épaules s'arrondissent, ses mains s'amollissent sur les accoudoirs de sa chaise roulante. Il dort. Il doit être bien, là, les paupières closes, loin de tous ses remords et ses secrets, loin du terrifiant bonhomme qu'il devient sous l'emprise de l'alcool. Il n'y a plus personne pour le regarder. Il retrouve peut-être ses jambes. Il retourne peut-être au village de son enfance, à son père l'imam, à sa mère qui voulait qu'il ait des bonnes notes à l'école. S'il compte à voix haute les années sans sommeil, il énumère surtout toutes celles passées sans revoir ses parents. Vingt-deux, vingt-trois, vingt-quatre… Puis l'assistante sociale a fait des recherches : « Tes parents sont morts. » Il a dit un jour : « Je suis le premier des étrangers. » Le premier, ça voulait dire le plus paumé de tous. Personne ici ne concourt pour ce titre. Il ne faut pas.

« Il ne faut pas.
Demander l'électricité à la lampe à pétrole.
L'éclair à l'ignorance.
Au présent ce qu'étaient nos vies. »

Tu as dit ça un jour, Rachid, pendant l'atelier de poésie. J'étais assise à côté de toi. Comme toujours de ta voix traînante, tu t'es mis à parler de ce qui te passait par la tête, comme toujours tes mots semblaient avoir été taillés et polis dans je ne sais quel atelier clandestin planqué au fond de ta gorge, ou sous ta langue, et j'ai noté pour que rien ne disparaisse.

S'ils savaient, les gens qui passent en bas du centre, s'écartent parfois, s'ils savaient ce qui s'écrit et se dit ici au premier étage. Sous l'Ancien Régime, on appelait un lieu comme celui-là « dépôt de mendicité ». On y enfermait les mendiants et les « gens sans aveu », catégorie héritée des temps féodaux, où toute personne devait prêter allégeance, devenir le vassal de quelqu'un pour être reconnu des autres. Rachid n'est pas un mendiant. Il n'est pas pauvre. Il a un compte en banque avec de l'argent dessus. Peut-être même une retraite qui tombe. « Sans aveu » lui va mieux. Il n'a prêté allégeance à personne. Il n'a aucun seigneur. N'évoque jamais Dieu.
— T'y crois ?
— À ma façon.
C'est peut-être cela qui le distingue des autres dans le centre d'hébergement, de Rachid endormi dans la salle télé. Ils sont si nombreux à implorer les cieux, parfois l'alcool, souvent les deux à la fois. Si nombreux à venir d'Algérie comme lui, sortis d'une plaie suintante

de l'histoire, jeunes et vieux, femmes et hommes que l'exil n'a pas sauvés. L'un d'eux vient de mourir. Il s'appelait Mohamed. « Tu n'as pas décidé de ce monde », avait-il dit. Il évoquait une échoppe de tissus à Saïda. Il pleurait rien qu'à l'évocation du prénom de sa femme morte trop jeune. Il voulait fumer jusqu'à la mort. Il l'a fait. Son corps a été rapatrié en Algérie. Rachid est désormais le plus vieux et le plus fier dans ce centre d'hébergement d'urgence. Il se tient à l'écart. Il a même des soupirs condescendants. L'impression que les autres dérivent, pas lui. Qu'il est le plus lucide de tous. Qu'il sait tout du monde. Et c'est tentant de le croire.

« Il y avait des salauds en France. Quand tu rentrais dans un bar ou un restaurant, certains appelaient les flics. Contrôle d'identité, tout ça… Il y avait des traîtres partout. J'avais de l'argent mais je ne pouvais pas faire des affaires car je n'étais pas blanc. Je n'étais pas tout à fait malheureux mais certaines choses me

dégoûtaient. Le Quartier latin me plaisait un peu plus. Dans le 5e arrondissement, je sentais pas le racisme. Du côté de Saint-Michel, c'étaient les étudiants, un peuple fou jusqu'au Luxembourg, un mouvement terrible. L'université, quoi… Les étudiants, ils sentaient que j'étais presque un étudiant comme eux, même si je travaillais dans la maçonnerie. J'ai fini par habiter à deux pas de l'église Saint-Séverin. À deux pas de Notre-Dame.
Je mangeais au foyer libanais, rue d'Ulm. Juste au coin du Panthéon. Monsieur Picasso mangeait avec nous. Il venait avec son équipe, ils étaient une douzaine autour d'une longue table. Moi je mangeais un peu plus loin. Je lui ai parlé, un jour. Il m'a dit : "Je m'appelle Pablo !" On a bavardé. Il voulait tuer Franco. »

Ça va si vite, Rachid. Ton histoire s'emballe. J'ai vérifié. Pourquoi j'ai vérifié ? Parce qu'une vie comme la tienne ne peut croiser celle du peintre ? Son atelier était au 7 rue des Grands-Augustins

jusqu'en 1956. Et il habitait rue Gay-Lussac quand il était à Paris. T'as donc pu croiser Picasso.
— Je lui ai acheté un tableau. Il voulait m'en offrir d'autres. Ça n'avait pas beaucoup de valeur en ce temps-là. Il m'a donné l'adresse d'un ami médecin. Un ami intime. Docteur Bloch. 1, boulevard de Strasbourg. Au premier étage. À côté de l'Arche. De ma part, il a dit. Le docteur me signait des congés maladie.
— C'était quand, Rachid?
— C'était toujours la guerre en Algérie.

«J'ai été arrêté mille fois. Ils embarquaient n'importe quel gars un peu bronzé. Ils nous ramassaient. Nous emmenaient à Vincennes. Des fois pendant plusieurs jours. Ils nous interrogeaient. On avait remplacé les Français quand ils luttaient contre les Allemands. C'était le même système. Les Français, c'était devenu des Allemands.»

Rachid appelle ça des emmerdements. Il connaît le sens de l'histoire, il sait de quel côté elle l'a placé, mais il n'utilise aucun des mots ni des slogans établis. Il ne se revendique d'aucun camp, d'aucun parti. Il ne croit pas aux sauveurs, aux mouvements de libération. Quand vient la guerre, depuis toujours, il fuit.
«J'avais l'habitude d'aller au bistrot de la Sorbonne. La patronne était sympathique, on aurait dit Line Renaud. Je mangeais avec les contrôleurs de la gare d'Austerlitz. C'étaient de bons menus, on ne s'en lassait pas. Il y avait un autre bar à Saint-Michel. Les proprios, c'était un couple, une femme très belle et un type un peu paysan. Ils s'entendaient pas. Cette fille, elle aurait pu être une étoile.
J'ai vécu dans tout Saint-Michel. Rue Galande, ce n'était pas trop loin de la rue de Mitterrand. J'allais dans un bistrot sur le Petit-Pont. Maintenant, ça a été remplacé par une boutique de souvenirs. C'était aussi un quartier d'homosexuels. Tout le monde s'entendait bien.

Chacun sa petite place. Il y avait un Auvergnat aux cheveux blancs, il était sympathique, il faisait crédit aux gens pauvres. Ray Charles s'était lancé au Chat qui Pêche. J'y allais certains soirs, la patronne s'appelait Madame Ricard. Elle avait deux mecs qui lui servaient de gardes du corps, des Normands. C'était une belle fille, elle avait une certaine classe. Elle savait bien parler, derrière le comptoir. Elle y est restée jusqu'à sa mort. Il y avait deux cabarets de jazz, l'un algérien, l'autre libanais. C'était rue Saint-André-des-Arts. Il y avait aussi beaucoup de cinémas, mais ça ne me disait rien. Au fond, le cinéma c'est du commerce. Je préférais me promener. »

Rachid était beau. Ça se voit. Il l'est toujours. Il l'a dit une fois qu'il plaisait aux femmes. Les boucles grises qu'il lisse vers l'arrière, sous une casquette, laissent imaginer une tignasse indomptable de cheveux noirs. La lueur au fond de ses yeux gris laisse deviner une flamme ancienne, plus vive encore, plus enragée. Était-ce le goût de sa liberté, ou bien un reste d'incendie, les flammes de l'enfance, une maison qui brûle, puis une autre, la vie qui se consume sans pouvoir être vécue ? Il n'a en tout cas pas l'air d'avoir peur. Il ne ressemble à personne. Il n'est pas un de ces vieux travailleurs maghrébins à la retraite, ces chibanis discrets, silencieux, qui se retrouvent à deux ou trois sur un banc et n'ont jamais fini de raser les murs malgré leurs

annuités de cotisations à la Sécurité sociale. Il n'est pas non plus comme les hommes égarés du centre d'hébergement. Il ne fume pas, ne prie pas, ne boit plus quand c'est souvent tout ce qui reste aux autres. Il n'est pas davantage l'un de ces miraculés que l'instruction, les livres, une association de gens pleins de bonnes intentions sortent de leur condition, non, il n'écrit toujours pas le français, mais le parle merveilleusement dans la langue déraisonnable de ses rêves.
— Oui, j'ai fui. Après les embêtements, on cherche, on cherche des films dans sa tête. Mais courir tout seul, c'est dur.
— Tu n'as jamais vécu avec quelqu'un, Rachid ?
— On s'est séparés. Je l'ai rencontrée place de la Sorbonne, un 14 Juillet. Elle était française. Étudiante. Elle était devenue institutrice tout en continuant ses études. C'est souvent elle qui m'a fait sortir quand je me faisais arrêter. Je leur disais que j'étais en ménage. La police est venue voir où on habitait. On a eu une fille. Elle est née en 1957 à Paris. Elle portait le nom de sa mère.

Parce que moi, elle le sait bien ma fille, on s'est séparés, elle devait avoir sept ans. Ça avait marché pendant quelque temps, et puis plus autant. Sa mère était partie. Son chemin à elle. Un Français. Après quatre ans, elle est revenue, et j'ai dit non, c'est fini. Je savais pas comment faire. Reculer ? Avancer ? Elle a fait ce qu'elle a voulu, je ne me suis pas imposé. Elle a voulu me quitter, vas-y. J'avais une petite chambre pour ma fille. Je voulais la prendre. Sa mère voulait pas. Alors je l'ai laissée. Et je suis reparti en Afrique du Nord. Puis revenu en Europe. Ça n'existait pas vraiment l'Europe. L'Allemagne, c'était l'Allemagne. La Belgique, la Belgique. J'ai évité la France.

Oui, je pense à ma fille. Mais le temps c'est un courant, on est pris dedans. Je les ai laissées. C'est la vie. C'est triste. On ne peut rien contre son destin. On est encore vivants. On s'est séparés, j'avais vingt-six ans. Ma fille avait cinq ans et demi. J'ai pas voulu insister.

Y avait pas d'autre issue, en ce temps-là.
Y avait la guerre d'Algérie. C'était affreux.
Je te le dirai un jour, à toi, comment elle s'appelle, ma fille.

Une immense foreuse vient d'arriver sur le chantier juste à côté du 26 de la rue Popincourt. Une vis de métal de plus de 25 mètres est maintenant suspendue dans l'air, prête à trouer le sol. Elle donne envie de s'arrêter, de la regarder s'enfoncer. Creuser. Creuser sous nos pieds de tout petits mortels. Elle semble faite pour atteindre le centre de la Terre. Il fait beau. Valérie et Jacky s'attardent devant le centre alors que leur cigarette s'est consumée depuis longtemps. La rue n'offre pas si souvent de grand spectacle, juste le roulement des habitudes, le ballet des vies apparemment tranquilles. Je reste avec eux. On est comme trois mômes au pied de la machine. Elle commence son forage dans un énorme boucan. Pour sûr, elle va défoncer le métro.

Je leur crie par-dessus le bruit que Rachid devrait être là, avec nous. Qu'il a vu les méthodes américaines arriver sur les chantiers français. Je me surprends à répéter ce qu'il m'a appris. Puis je pense aussitôt en sens inverse. Qu'il s'en fout. Qu'il en assez vu. Qu'il voulait faire mécanique. Que les caporaux de l'histoire ne portent pas forcément d'uniforme, qu'ils sont aussi ces recruteurs qui poussent des gamins vers une bétonnière ou une chaîne d'assemblage et les changent en main-d'œuvre. Les ouvriers qui sont là pourraient s'appeler Rachid eux aussi.
Quelques jours plus tard, la foreuse a terminé. De profonds puits ont été creusés. Il est temps de couler les fondations de l'immeuble. Au cul du camion, le ciment s'écoule vers un drôle de cube qui vibre bruyamment.
— Le propulseur ! m'explique Valérie.
Chaque jour, elle a observé l'avancée du chantier. Il doit y avoir quelque chose de reposant à ce spectacle des rouages, à cette mécanique parfaite des engrenages, quand tout en vous a déraillé.

Les ouvriers se sont habitués à sa présence, à ses questions. Ils y répondent. Ils savent que seuls les désœuvrés prennent le temps de les regarder. Ou bien les enfants.
Ce sont eux qui occuperont le rez-de-chaussée du futur immeuble. Une crèche va ouvrir, à ce qui se dit. Beau voisinage en prévision. Les tout-petits se demanderont sûrement pourquoi ils ne sont pas en rythme, ces grands d'à côté, pourquoi parfois ils titubent, boitent ou gueulent, et pourquoi ils leur sourient tant. Car ceux du 26 rue Popincourt leur souriront, leur souriront comme personne, comme ils souriaient à leurs propres enfants, leur sourient encore douloureusement et secrètement par souvenir ou regret interposés. Ils ont été placés, élevés par d'autres, laissés derrière. Ils ont grandi sans eux. Leur en veulent, sûrement. Reste cette loi presque intangible et vérifiable entre les murs du centre : les femmes n'ont pas perdu le contact. Qu'elles aient dû fuir leur pays, la violence d'un mari, qu'elles aient fait ou fassent encore

le trottoir, aient sombré dans l'alcool ou la drogue, et peut-être même causé du mal à leurs enfants, elles leur parlent encore. Elles montrent des photos. Guettent leur téléphone. Un éventuel jour de visite. Elles sont hantées par la figure maternelle. L'abandon aurait fait d'elles des monstres. Les hommes, eux, si souvent, se sont définitivement éloignés.

— Attends, tu vas voir ! m'annonce Valérie de sa voix éraillée.
Le tuyau qui sort du propulseur est subitement comme un énorme serpent qui se réveille.
Il vibre. Se cabre. Se cambre tel Godzilla émergeant de l'océan. Et il monte, gorgé de ciment, vers le sommet de la foreuse qui va ensuite l'injecter dans le sol. Rachid ne peut rien voir. Sa fenêtre donne de l'autre côté.

« J'allais dans les garages. Je prenais les voitures qu'ils pouvaient pas refaire. "Vous me les

passez", je disais. Les gens savent pas travailler. Moi je suis mécanicien. Je les amenais sur les berges de la Seine. Y avait un Russe qui travaillait avec moi. Un autre type mi-libyen, mi-égyptien. On mettait les gants.
"File-moi la clef."
Je leur disais quoi faire. Oui, c'est ça, un petit peu chef mécanicien. On faisait ça le soir, quand la nuit était tombée, en plus du boulot. »

Je ne demande plus de quelles années il parle. C'est impossible. Et quelle explication le temps nous fournit-il, de toute façon ? Rachid évoque une époque où les grandes villes n'offraient pas chaque parcelle de leur corps aux spéculateurs et aux promenades plantées. Il y restait un peu d'ombre pour les combines, et toutes sortes de transactions qui se payaient en liquide. Il y avait même encore des meublés pour les Algériens dans le 5e arrondissement de Paris. C'est dire s'il y a longtemps.

« Là où je bricolais, c'est le square Tino-Rossi aujourd'hui.
J'étais bien avec une voiture, j'en avais parfois jusque trois ou quatre. J'allais en Allemagne au volant d'une Mercedes. J'ai eu une Simca P60, j'en ai mal au cœur, ils me l'ont prise à la fourrière. Et là-bas, chaque jour est compté, au bout de trois, c'est le salaire d'un bonhomme, j'avais pas assez pour la récupérer. Mais c'est comme ça, on court après la vie. Et cette voiture, elle est partie avec un moteur tout neuf.
Ce sont des regrets, au fond. C'est le temps qui nous a tués. C'est la préfecture qui nous a tués. J'ai acheté beaucoup de voitures, mais plus maintenant, je ne peux plus. La mécanique me manque. »

Elle s'appelait Myriam. « Ça veut dire Marie en arabe », précise-t-il.

Et il a fallu du temps encore pour que Rachid me confie le prénom de la femme avec laquelle il a eu cette enfant. Il a semblé soudain pris au piège. Ça lui coûtait, plus encore que d'articuler le prénom de sa fille. C'était sûrement la voir surgir, c'était sûrement trop de lumière sous son crâne, l'irruption de son visage à elle, son sourire, sa voix, ses mots, ses reproches que le temps a peut-être fait enfler ou au contraire asséchés pour ne plus laisser que ce qui les a fait s'aimer. Qui sait comment il y pense ? Mes questions ne servent à rien. Elles s'évanouissent dans le fatalisme de ses soupirs. « C'est la vie », dit-il. Fermez le ban. Les émotions brûlent. Tellement dangereuses, les émotions, quand il s'agit de tenir, elles vous pompent toutes vos forces. Alors Rachid a tourné autour de son prénom, il m'a parlé de la famille de la jeune femme, où l'on aimait chanter, dans une maison du côté d'Angers, il a évoqué son père, un professeur qui travaillait au Jardin des plantes et s'en allait parfois jusqu'à Madagascar pour ses recherches.

Elle s'appelait Madeleine.

*

Rachid et Madeleine se sont rencontrés place de la Sorbonne. Il était maçon. Elle était institutrice et encore étudiante. Elle l'a présenté à ses parents. Elle allait le chercher à Vincennes au lendemain des rafles, le sortir des geôles et des tortures du centre d'internement. Elle affrontait le regard des flics. Les sarcasmes. Les ricanements comme les menaces. Ils eurent une petite fille, ils l'appelèrent Myriam et lui donnèrent le patronyme de

sa mère, parce que c'était plus simple, plus sûr. Ils ont vécu dans le 13e arrondissement. Voilà ce que j'ai pu rassembler de leur histoire. Elle est peu banale dans une France en pleine guerre d'Algérie. Presque une victoire. Et puis tout a volé en éclats. Madeleine l'a quitté. Le monde tenait sa revanche, il les a remis à leur place. Est-ce que ce sont ses pièges qui finalement se referment sur eux ? Est-ce l'amour qui hésite avec une petite fille au milieu ? Madeleine est revenue. Mais Rachid n'a pas voulu, pas pu reprendre le fil de leur histoire. Il a marché très vite, très loin.
Selon les moments, il dit que sa fille avait cinq ans, puis sept ans quand il a tourné les talons. C'est entre ces deux âges que la mémoire des enfants commence à fixer les souvenirs.
Elle doit avoir plus de soixante ans maintenant.
Il est tentant parfois de la chercher, Myriam.
Se souvient-elle même vaguement de lui ?
Que lui en a-t-on dit ? Il y avait de quoi lui en vouloir. Disparaître ainsi…
Il est devant moi, clochard céleste.

Ce centre n'absout de rien.
C'est le terminus des ruptures.

Il sort désormais de sa chambre vers 18 heures. Ses yeux trahissent quelques heures de sommeil volées à l'après-midi. Sa veste de costume est impeccable, probablement suspendue sur un cintre dans l'antre de Diogène. Ses chaussures en revanche semblent sur le point de lâcher, quelques pans de daim retenus par un lacet de cuir sur une fine semelle. Il en a d'autres, mais c'est celles-là qu'il aime. Il a toujours une destination. Aujourd'hui, c'est Strasbourg-Saint-Denis, il va manger un petit morceau dans un bistrot, me dit-il, c'est meilleur qu'au centre. Puis il ira faire un tiercé, ou juste regarder les autres parier, du côté de Richelieu-Drouot. Il fait nuit déjà. Nous foulons les feuilles mortes du boulevard Voltaire. Ses mocassins d'indien s'y fondent. Même couleur fauve. Il me parle des pur-sang. Des grandes maisons anglaises qui désormais achètent les meilleurs chevaux aux

Saoudiens. J'opine sans rien y connaître. Je devrais maintenant prendre à droite, la rue de la Folie-Méricourt, rentrer chez moi, mais je continue. Je sens combien il est heureux que quelqu'un marche à côté de lui. Je n'ai que ça à lui offrir. Et je suis bien moi aussi, à l'écouter parler sans but, sans rien lui soutirer, à marcher à son rythme, celui de ceux que personne n'attend. Il m'entraîne de l'autre côté de la foule pressée et égoïste à laquelle j'appartiens d'ordinaire sur ces trottoirs. Il parle sans s'arrêter, sans me laisser la possibilité de prendre la tangente, tout vient en vrac, qui l'écouterait pour la première fois dirait qu'il est fou, mais ces années passées ensemble au fil des ateliers ou de nos tête-à-tête m'ont offert sa vie en puzzle. J'assemble. J'identifie les décors. Les fantômes. Je prends de leurs nouvelles. L'oncle Abdelslam ? Il s'est marié, il a eu deux fils qui sont devenus coureurs cyclistes. Hassan Cayenne ? Il a survécu au bagne, il est resté en Guyane où il a élevé des boas pour la maroquinerie. Des années plus tard, il a payé

une fortune pour revenir en Algérie, mais il avait deux enfants à Cayenne, ils lui manquaient, il est reparti. Et qu'est devenu Hassen, ton frère?
— Il est mort il y a quelques années ici, en France, à l'hôpital Rothschild. Il y est rentré pour presque rien, s'est endormi et ne s'est jamais réveillé.
Rachid me dit qu'il ne l'a pas su tout de suite. Que lui et son frère ne se parlaient plus vraiment, qu'Hassen a vécu pas loin de là, du côté du métro Rue des Boulets, mais qu'il ne venait le voir que lorsqu'il avait besoin de lui. Rachid blâme souvent les autres, en plus de l'existence. Il est de ces gens qui ont toujours raison, qui ne se reconnaissent aucun tort. Il ne dit jamais « j'aurais dû ». Ça pourrait lui exploser la figure. « T'as jamais traversé un champ de mines? C'est dur. »

« Une fois, j'ai rencontré un clochard dans un bar, à Bordeaux, je lui ai payé un coup. Il disait qu'il avait une petite île au large de la ville. C'était vrai, il avait son île. L'hiver, il construisait un mur pour se protéger du vent, l'été, il faisait tomber le mur. Il s'ennuyait sur son île, alors il venait dans les bars de Bordeaux. Lui, avec son île, il s'ennuyait. Moi, qui voyais beaucoup de paysages, je m'ennuyais aussi. Tout le monde s'ennuie, même les milliardaires. »

J'ai l'impression d'écouter le Petit Prince raconter sa tournée des planètes. Mais à Bordeaux, si j'ai bien compris, Rachid était un employé des Wagons-Lits en escale.

— Y a des mecs qui se mettent dans un bureau jusqu'à la retraite, ils connaissent que leur quartier. Moi, à un certain moment, je m'étais dit : Je vais faire la cuisine. Alors j'ai fait des stages pour apprendre. J'ai travaillé dans des restaurants de milliardaires. Au Club de France, rue de la Paix. Puis j'ai été embauché aux Wagons-Lits. On faisait de la belle bouffe. On voyageait. J'aimais bien parce que t'étais jamais au même endroit, jamais avec les mêmes gens. On traversait toute la France, parfois jusqu'en Italie. Nous, on descendait à la frontière. On attendait que le train repasse dans l'autre sens. On dormait dans un meublé de la compagnie. Y en avait partout pour le personnel. Et puis les Wagons-Lits ont fermé par endroits. On était payés, mais pas comme avant. Ils pouvaient pas nous foutre dehors. Puis, un jour où j'avais pris des vacances, y avait plus de boulot à mon retour. Pas même un entretien. « Dégage. »

— C'était quand ?

— Pendant la guerre d'Algérie.

Vraiment ? Les Wagons-Lits sont prospères, alors. Ils vont même connaître leur apogée au cours des années 1960, avec les T2, des couchettes doubles pour voyager en amoureux. Les couples s'habillent et vont dîner dans la voiture-restaurant, comme dans un film d'Hitchcock. Rachid et d'autres sont aux fourneaux. De la bonne bouffe, il a promis. C'est plutôt dans les années 1970 que vient le déclin de la compagnie.

Mais n'est-il pas vain d'agiter le calendrier officiel d'un monde qui depuis le début tente de lui faire la peau? Les dates n'ont aucune importance. La guerre n'est qu'un volcan qui s'apaise ici et se réveille ailleurs. Les aiguilles tournent au poignet des morts. Rachid marche dans le sillon de son enfance. Il n'a sans doute pas de destination finale, pas d'autre choix que d'avancer de ce drôle de pas qui voudrait reculer.

« Me balader là où il y a des montagnes un peu verdoyantes, un peu comme chez moi, et revoir les montagnes qui arrêtent la mer. »

Des kilomètres et des kilomètres encore. La fuite n'est jamais finie. Seules comptent les splendeurs et les misères des paysages. Il cite tant de pays. Cette gare enneigée.

« J'attendais parce que j'étais bloqué par la neige. J'attendais le train pour Venise. J'attends. J'attends rien. Je prends des décisions.

Imaginer, c'est une balade, on se fait des idées.
Y a pas de présent pour moi, y a plein de futurs.
Je suis comme un commerçant qui n'a plus
de balance. La valeur des choses, y en a plus.
J'attendrai de m'en sortir, de changer de vie.
Quand on était jeunes, c'était plus simple,
on avait moins de bagages à traîner sur le dos,
et moralement aussi. On cherchait son idéal,
un bon petit coin dans un pays.»

Cet homme-là parle à tous les temps.
J'attendais.
J'attends.
J'attendrai.

«La compagnie a commencé à se débarrasser des wagons. J'en ai acheté un. Ça m'a coûté un argent fou. Il était magnifique mon wagon. J'ai acheté un des meilleurs, une première classe. Il était à Austerlitz, il bougeait plus. C'est grand Austerlitz. J'ai dormi dedans. Je faisais ma petite cuisine. Mais ils m'ont demandé un million pour le ramener en Algérie. Je serais pas là si ça avait été possible. La compagnie l'a repris, finalement.»

J'imagine ton wagon sur le bateau. Comme
j'imagine ton château de Belfort, Rachid.
Ta pensée vagabonde et entraîne la mienne.
C'est le rêve de tous les immigrés, de revenir
triomphant au pays, comme pour dire aux autres
qu'ils ont bien fait de partir, pour assécher
cette fameuse question, ça se passe bien là-bas?
Ne surtout pas leur dire. Alors, tu comptais
rentrer en Algérie en train-couchettes première
classe quand tant d'autres se sont contentés d'une
Peugeot croulant sous les valises avec les enfants
serrés sur la banquette arrière.

J'imagine une grue qui soulève ton wagon,
le dépose dans le port d'Annaba, là où naguère
un navire militaire américain aspira un gamin
et ses rêves de départ.
«Quand les Américains fumaient
des Chesterfield, ça sentait bon!»

Je relie tes images les unes aux autres. Ce que tu ne fais jamais. Tu t'en fous, toi, de la cohérence de tout ça. Mais tes images m'ont contaminée. Je ne sais plus ce qui relève du souvenir ou du rêve. C'est cette confusion qui t'a permis de tenir.

*

Le désordre de sa mémoire et de ses mots s'accentue. J'ai peur que l'incendie n'aille trop vite dans sa tête. Peur de n'avoir pas le temps de tout reconstituer. Les cartons s'empilent dans sa chambre. Des sacs qui en contiennent d'autres. Des gobelets. Il assure que tous ces cartons, ces objets, ces sacs, ces gobelets qu'il ramasse dehors et empile autour de son lit ne sont là que pour mieux insonoriser la pièce. C'est trop bruyant ici. Mal construit. Mais les insectes se régalent. Ils s'installent. Ils pondent. Ils volent ou rampent. Rachid est le seul qui semble ne pas les voir. J'ai aperçu Marilyn Monroe une fois, épinglée sur un mur. Et des bracelets de perles au poignet de Rachid. Il les a trouvés dans une poubelle du côté de Saint-Germain-des-Prés. Il m'assure qu'ils ont énormément de valeur. Qu'une femme riche des beaux quartiers s'en est lassée, puis débarrassée. Parfois un grand nettoyage de sa chambre lui est imposé. Il fait la gueule ensuite. Violation de domicile.

*

« Dans les années 1970, j'étais avec une Allemande. On se fréquentait au café Le Luxembourg. Mais je suis retourné en Algérie en vacances pour voir les bains volcaniques. C'est mieux que le gaz, tu peux faire cuire un truc ! Je suis revenu à Paris, elle n'était plus là, penses-tu, elle était partie. Cinq ans après, je retourne en Algérie. L'Allemande était là-bas ! Des trucs comme ça, ça n'arrive qu'à moi. Tu veux que je te raconte comment elle a réagi ? J'étais adossé à la voiture. La voiture, elle était couleur grenadine, de loin on la voyait rouge. Je regardais au hasard, elle a hésité. Elle s'est mise à marcher comme un chat en chasse quand il voit un pigeon et qu'il veut l'attraper. On s'est regardés. Je l'ai regardée, elle m'a regardé. Je voulais répondre violemment, mais je me suis ravisé. Tu aurais réagi comment, toi ? J'étais avec elle en ménage et elle a disparu, elle avait tout laissé dans l'appartement. Tu te rends compte, de se retrouver à 2 000 kilomètres, cinq ans après ? Je ne savais pas où elle était, mais je ne croyais pas la retrouver par là. J'étais tellement tout retourné. Je devais rejoindre un ami mais je ne lui ai même pas raconté. Elle ne m'a rien dit. Si la terre s'était ouverte, je serais tombé. J'étais bloqué, je ne savais même pas quoi penser dans la tourmente.»

Elle s'appelait Doris.

La nouvelle s'est rapidement répandue dans les étages du centre. Quelques heures plus tôt, Aleksandar a été retrouvé dans sa chambre, à genoux devant son lit, le buste effondré sur le matelas, le cœur depuis trop longtemps arrêté pour être réanimé. Il allait mieux pourtant. Il dessinait depuis le début de la guerre en Ukraine, comme en Bulgarie lorsqu'il travaillait pour des journaux satiriques, il dessinait la faucille et le marteau noués à la croix gammée. Le sang des guerres coulait en lui aussi. Il aimait les plages du Débarquement. Mais pas sûr que Rachid un jour lui ait parlé. Pas sûr qu'ils se soient connus ou reconnus. Il y a des tranchées, des continents et une dizaine de langues parlées à l'intérieur même du centre. Éviter la situation, le regard et le miroir de l'autre. La petite voix qui dit : Ç'aurait pu être moi. L'odeur de la Mort va si vite, comme si elle cherchait d'autres proies dans ces couloirs des vies fracassées, plus vite que les pompes funèbres quand c'est le Samu social qui appelle. Il a fallu une injonction de la police pour qu'une entreprise vienne enfin emporter le corps de cet homme sans autre adresse qu'un centre d'hébergement d'urgence. Il a fallu trois semaines encore pour laisser à l'ambassade bulgare le temps de chercher des proches qui s'occupent de le rapatrier. Nous avons attendu, en vain. Nous sommes montés dans le corbillard. C'est la place de la famille, a dit l'agent des pompes funèbres de Paris, en ouvrant la portière avant. Nous l'avons accompagné au carré des indigents du cimetière de Thiais, et tant espéré, même là-bas, que surgissent le fils, le frère, ces fantômes qu'Aleksandar, comme Rachid, comme tous les autres, nous présente, et dont on ne sait pas quoi faire ensuite, s'il faut en parler davantage ou au contraire se taire, s'il faut les pister ou non dans les méandres de la toile internet, s'il faut chercher la fille de Rachid avant qu'il ne soit trop tard. C'est peut-être la secrète ambition de ce texte, qu'il lui parvienne.

*

« Un jour, au Louvre, mon corps est resté mais mon âme est partie. Moi-même, je n'arrive pas à comprendre. Je vois des choses que dix millions de gens ne voient pas. Pendant vingt minutes en 1992, mon âme est partie. Elle est revenue. J'ai fait un aller-retour. J'ai laissé mon corps là-bas. J'entendais un bourdonnement. Quand je suis revenu, j'étais un peu différent et courbaturé. »

*

À cette époque, tu te présentais parfois au centre d'action sociale protestant de la rue Santerre, à Paris. Une femme qui travaillait là-bas t'y recevait comme d'autres personnes en difficulté financière, elle te donnait un peu d'argent, que tu ne réclamais pas mais que tu ne refusais pas non plus. Elle nous a appelés, un jour. C'est qu'avec notre club de poètes, on a eu droit à la télé. Elle t'avait vu, reconnu. Un visage comme le tien ne s'oublie pas. Elle s'était attachée à ta présence silencieuse. Je vois très bien ce qu'elle veut dire.

« J'ai le mal de mer, je ne sais pas où je vis,
quelle République ? Quel peuple ?
J'ai été un peu partout.
J'ai vu des gens courir, et courir après quoi ?
L'amélioration de sa vie peut-être.
J'ai traversé la Méditerranée plusieurs fois.
Algérie-Marseille. »

*

« C'est magnifique le bois de Boulogne.
Il y a des petits lapins sauvages. Si tu peux les attraper, tu peux les manger. J'ai élevé des canards aussi, des colverts. De loin, tu les vois

bleus. Certains mois, c'est un plaisir, on est éclairés par la lune, il n'y a plus que le ciel et la terre, c'est incroyable, d'abord c'est noir, puis la lumière s'installe, il y a des étoiles qui le lendemain disparaissent. J'avais construit ma cabane. »

Ta cabane au bois de Boulogne, Rachid.
Après tant d'autres toits pour immigrés, quelques mirages en forme de château ou de wagon de première classe.
Ce n'était pas ta première nuit dehors, mais c'est là que tu t'es installé. Et pour des années. Combien, ce n'est pas très clair. Tu varies.

« Je brûlais des palettes que je ramassais dans les supermarchés. Je faisais griller ce que je trouvais dans la poubelle du boucher de Neuilly. Il avait le couteau leste. Il y avait une fortune dans sa poubelle ! Je faisais cuire ça sur mon bois, la nuit, personne ne venait m'embêter.

Je ne parlais pas aux prostituées, elles
étaient dans leur coin, certaines depuis dix
ou quinze ans. Je passais, c'est tout.
Il y avait aussi un couple d'aigles. Il y a
deux pièces dans leur nid. Chacun sa place.
Ils sont toujours sur le qui-vive, l'un à droite,
l'autre à gauche, ils surveillent.»

Devenir rapace. Tu avais dit quelque chose
là-dessus.
Ne plus être une proie. Se former. Vivre
avec les patrons plutôt qu'avec la population.
Essayer d'écraser les autres. Bouffer ou se faire
bouffer.
C'est ça, la vie au fond.

«J'ai vu la reine d'Angleterre une fois.
J'ai reconnu sa voiture qui roulait le long
du bois. Je l'ai saluée. Elle m'a répondu.»
Je te crois, Rachid. Le vieux gosse des colonies
a reconnu la reine de l'Empire, sans se courber
ni lui en vouloir, simplement heureux d'une

apparition. Elle t'a vu, tu dis ? Bien sûr qu'elle t'a vu. Tu sais toujours te consoler. Ce centre, c'est un repaire d'enfants jamais consolés, tu as appris à le faire tout seul, tu crois à ce que tu imagines, peu de gens savent. L'autre Rachid est mort. Il s'est étouffé à la cantine. Fausse-route, comme on dit. Puis sommeil éternel pour celui qui ne le trouvait plus. Je ne sais pas si tu as remarqué qu'il n'est plus là, qu'il ne reste de lui que les traces noires de son fauteuil roulant contre le mur à l'entrée de la salle télé.
Bien sûr qu'elle t'a vu la reine, Rachid. Bien sûr qu'elle a répondu à ton salut.

« Ma cabane, c'était une cachette, une maison un peu retirée du monde dans les bois. Une cachette, c'est là où on peut découvrir la vie. Certains pensent à l'argent, d'autres à la vie. C'est là que tu cherches les rêves à réaliser. Sinon, on est pris dans un genre de commerce. Ça me fait penser à la guerre. Si vous sortez

de votre quartier, vous allez crever.
Je savais l'heure à laquelle venaient
les gendarmes. Ils ne me disaient rien. »

Un jour pourtant, ils se sont arrêtés. Ils ont dit qu'il fallait partir. Ils ont appelé les services sociaux. Ils ont détruit ta cabane. C'est comme ça que tu as atterri en centre d'hébergement. Il y en a eu plusieurs jusque celui de la rue Popincourt où je t'ai rencontré. Mais ton dossier au Samu social est quasiment vide. J'imagine qu'à chaque étape, chaque centre, on t'a posé des questions, mais que tu y répondais à peine, même quand ta mémoire était pleine. Comment faire tenir sur une ligne Massolda la sage-femme, le bistrot du grand-père, une maman trop tardive et une petite fille qu'on quitte ? Et puis ton figuier, les yeux bleus des soldats morts, la grande tempête qui t'a changé en oiseau sur le bateau, le château de Belfort, le wagon de première classe des trains-couchettes,

Venise sous la neige ne rentrent dans aucune case administrative.
Les événements ne sont pas ceux que l'on croit.
Et j'ai parfois l'impression que c'est toi qui nous regardes vivre.

Septembre 2024. Rachid est revenu à l'atelier. Il porte une chemise colorée sous sa veste. Il va bien. Il parle beaucoup, mais ses phrases sont de plus en plus en désordre. Ou en boucle. L'incendie avance.

— N'oublie pas le désert, lance-t-il à Vicky, de l'autre côté de la table.

Il veut dire l'Afrique où elle est née. Vicky a une voix qui porte, un rire sonore, des yeux magnifiques qui vous enjôlent, un téléphone qui sonne beaucoup, un passé, un présent qui l'ont conduite en centre d'hébergement, mais un courant électrique sous la peau qui l'agite et la prépare déjà pour ailleurs, sans prédire si ce sera mieux.

— N'oublie pas le désert, répète-t-il.

— Regardez-moi, lui dit-elle.
Elle s'est levée.
— Regardez-moi.
Elle le vouvoie. Ils habitent sous le même toit mais ne se connaissent pas.
— Regardez-moi.
Elle a senti dans le rappel à l'ordre de Rachid la vieille discorde des hommes et des femmes, des jeunes et des vieux, du Maghreb et de l'Afrique noire.
— Regardez-moi.
Il ne la regarde pas. L'élan est avec elle.
— Je vis, dit Vicky debout devant lui. Je ne suis qu'à la moitié de ma vie, pas vous, avec tout le respect que je vous dois.
Puis elle sort sans colère. Elle devait de toute façon partir. Elle revient même pour être sûre de ne pas avoir blessé Rachid. Elle lui sourit. Elle sait qu'elle a raison. Et elle disparaît de nouveau.
«C'est un petit oiseau, soupire-t-il. Si elle oublie le désert d'où elle vient, elle n'y arrivera pas. Moi aussi, je suis un oiseau. L'oiseau parfois peut

devenir couleuvre, peut devenir lion. C'est tout le déguisement de la vie. »

Ça pourrait finir comme ça, comme dans une fable. Ce sont elles qui changent les humains en animaux. Pour les prévenir.

— Il y a des gens qui se mettent dans la civilisation, poursuit-il, mais après, t'es tout seul, tu fais comment pour nager? Je sais pas nager.
— Mais toi, Rachid, tu ne t'y es pas mis, dans la civilisation?
— Moi non. Je passe. L'ennui, c'est quand on n'a pas trouvé son bonheur. On est bien et puis ça suffit, on n'en veut plus, faut changer. On en a marre. On voyage. On change de paysage, de gens. Ici je suis pas chez moi. Chez moi, ça fait un petit siècle que j'y suis pas allé.
Et ici, je n'ai trouvé personne pour écouter mes histoires. C'est pour ça que je me suis retrouvé vingt ans dehors.

Postface de l'autrice

Ce lieu, c'est au 26 rue Popincourt, dans le 11e arrondissement, à Paris. Un centre d'hébergement d'urgence du Samu social. Tout commence il y a cinq ans, à l'instigation de la Maison de la poésie. Là, Armelle Stepien, en charge de tisser des liens et des textes hors les murs de ce petit théâtre de la rue Saint-Martin, imagine l'aventure. Et nous voilà, avec l'écrivain Yann Apperry, toujours plein d'élans et d'engouements, Donatien Chateigner, alors étudiant et aujourd'hui voûte du projet, Marianne Rötig, écrivaine voyageuse, nous voilà donc pour un premier rendez-vous avec ces regards encore méfiants, ces sourires hésitants

descendus de leur chambre pour voir, nous voir, pas forcément pour nous raconter leur vie, pour en sortir aussi.
Nous avons improvisé.
Très vite, quelque chose a pris forme au 26 rue Popincourt. Pierre Joubert, le directeur du centre, avait de toute façon envie d'ouvrir les portes. Au fil des mois et des années, Karine Kafando, Honorine Laurand, puis Christian Garon, Géraldine Caumont, Thierry Loisel, travailleurs sociaux du Samu social, sont devenus nos meilleurs alliés. Il faut toute la richesse de leurs personnalités et toute la force de leur métier pour nous accompagner.
L'atelier est un moment à part, comme une bulle parfois transpercée d'un trop-plein de détresse ou de colère, mais pas si souvent.
Inutile de revenir ici sur le pouvoir de l'écoute, des mots et de la parole. Il est gigantesque.
Comme nous avons écrit ! Nous avons d'ores et déjà noirci des centaines de pages, avec des histoires venues des quatre coins du monde,

des défis au bon Dieu, des bras d'honneur, des regrets trop longtemps tus, des secrets, des blagues, des vérités tranchantes. Comme nous avons ri aussi, écouté, pleuré, chanté ensemble ! Nous sommes devenus une troupe, un collectif. Les Alphabètes. Ses conteurs se nomment Fatoumata Coulibaly, Nacera Guidoum, Mavin Ouattara, Miled Abderrazak, Bouchra Habity, Vitaly Sokolov, Vicky Rekian, Rachid Zouad, Nadia, Mohamed Nadji, Elisabeth, Aleksandar, Mizata Karaboué, Pauline D., Szbigniew Orchowski, Valérie Holecek, Gurcharan Singh, Herman, Mohand Farah.
Au siège du Samu social, Gabrielle Soucail et Paul Pecquet ont senti la portée d'une telle expérience. Et puis le metteur en scène Olivier Fredj s'en est mêlé, il a invité les Alphabètes et leurs textes sur les scènes prestigieuses où se produit sa compagnie, Paradox Palace. Alors nous ont rejoints Salomé Joly, Clara Leroux, et nous avons répété, nous avons enfilé des costumes de théâtre. Ça n'empêche pas

de rentrer dormir dans un foyer d'urgence ensuite. Mais ça valait le coup.
Il y aurait beaucoup de choses à raconter, beaucoup de gens et de volontés à remercier encore. Il n'y a que collectivement, par la synergie, l'alchimie et la force des convictions, que l'on peut, ne serait-ce que par instants, détourner les vents dominants et détraquer les aiguilles du temps.

Au milieu de tout ça, plutôt solitaire, qui dit oui, qui dit non, qui vient, qui ne vient pas, qui m'intrigue depuis le premier jour : Rachid.

De la même autrice

Mauvais génie, avec Marianne Denicourt, Stock, 2005

C'était mon frère… Théo et Vincent Van Gogh, L'Iconoclaste, 2006 ; Folio, 2009

La Nuit du Fouquet's, avec Ariane Chemin, Fayard, 2007

Lettre à une mère et *Les Secrets des mères*, avec René Frydman, L'Iconoclaste, 2008 ; Le Livre de poche, 2005 et 2008

L'Intranquille, avec Gérard Garouste, L'Iconoclaste, 2008 ; Collection Proche, 2022

Les Chagrins, Stock, 2010 ; Le Livre de poche, 2013

Les Yeux de Lira, avec Eva Joly, Les Arènes, 2011 ; Points, 2012

N'oubliez pas que je joue, avec Sonia Rykiel, L'Iconoclaste, 2012 ; Pocket, 2013

Les Faibles et les Forts, Stock, 2013 ;
Le Livre de poche, 2014

Et tu n'es pas revenu, avec Marceline Loridan-Ivens, Grasset, 2015 ; Le Livre de poche, 2016

Victor Hugo vient de mourir, L'Iconoclaste, 2015 ;
Pocket, 2017

French Uranium, avec Eva Joly, Les Arènes, 2017

L'Amour après, avec Marceline Loridan-Ivens, Grasset, 2018 ; Le Livre de poche, 2019

L'Insoumis, Grasset, 2019

Là où nous dansions, Rivages, 2021 ;
Rivages poche, 2022

Le jour où le monde a tourné,
Grasset/France Culture, 2022

L'EXEMPLAIRE QUE VOUS TENEZ ENTRE LES MAINS
A ÉTÉ RENDU POSSIBLE GRÂCE AU TRAVAIL DE TOUTE UNE ÉQUIPE.

ÉDITION : Constance Beccaria
COUVERTURE ET CONCEPTION GRAPHIQUE : Quintin Leeds
RÉVISION : Emmanuel Dazin, Anaïs Pournin
et Isabelle Paccalet avec Anna Calvière
MISE EN PAGE : Soft Office
PHOTOGRAVURE : Point 11
FABRICATION : Marie Baird-Smith
DIRECTION COMMERCIALE : Adèle Leproux
COORDINATION ÉDITORIALE : Thomas Garet
RELATIONS LIBRAIRES : Alexandra Profizi, avec Arthur Rossi
PRESSE : Marie-Laure Walckenaer, avec Lise Chaton
COMMUNICATION DIGITALE : Alice Huguet

RUE JACOB DIFFUSION : Élise Lacaze (direction),
Katia Berry (grand Sud-Est), François-Marie Bironneau (Nord et Est),
Charlotte Jeunesse (Paris et région parisienne),
Christelle Guilleminot (grand Sud-Ouest), Laure Sagot (grand Ouest),
Diane Maretheu (coordination), Charlotte Knibiehly (ventes directes)
et Camille Saunier (librairies spécialisées)

DISTRIBUTION : Interforum

DROITS FRANCE ET JURIDIQUE : Geoffroy Fauchier-Magnan
et Marion Rowe
DROITS ÉTRANGERS : Sophie Langlais et Ella Bartlett
DROITS AUDIOVISUEL, THÉÂTRE, PODCAST : Geoffroy Fauchier-Magnan
ACCUEIL ET LIBRAIRIE : Laurence Zarra et Lucie Martino
ENVOIS AUX JOURNALISTES ET LIBRAIRES : Vidal Ruiz Martinez
COMPTABILITÉ ET DROITS D'AUTEUR : Christelle Lemonnier,
Camille Breynaert et Christine Blaise
SERVICES GÉNÉRAUX : Isadora Monteiro Dos Reis

L'ensemble de cet ouvrage a été réalisé
dans le respect des règles environnementales en vigueur.
Il a été imprimé par un imprimeur certifié Imprim'vert,
sur du Lac 2000 PEFC pour l'intérieur
et une carte Old Mill Stucco Premium white PEFC
pour la couverture.

Achevé d'imprimer sur les presses de l'imprimerie Chirat
à Saint-Just-la-Pendue (Loire) en décembre 2024.

ISBN : 978-2-37880-468-8
Numéro d'impression : 202411.0328
Dépôt légal : Janvier 2025

En France, un livre a le même prix partout. C'est le « prix unique du livre » instauré par la loi de 1981 pour protéger le livre et la lecture. L'éditeur fixe librement ce prix et l'imprime sur le livre. Tous les commerçants sont obligés de le respecter. Que vous achetiez votre livre en librairie, dans une grande surface ou en ligne, vous le payez donc au même prix. Avec une carte de fidélité, vous pouvez bénéficier d'une réduction allant jusqu'à 5 % applicable uniquement en magasin (les commandes en ligne expédiées à domicile en sont exclues). Si vous payez moins cher, c'est que le livre est d'occasion.